BADINGUET

LE SEDAN...TAIRE.

L'HOMME DU DEUX DÉCEMBRE

OU

LA FRANCE SOUS LE BANDIT CORSE

PAR UN PROSCRIT FRANÇAIS.

Et s'il n'en reste qu'un, je serai celui-là.

LYON

LIBRAIRIE ANGLO-FRANÇAISE DE TRICAULT.

1870

AVERTISSEMENT.

Ce livre était composé avant l'accomplissement des funestes événements qui tout en rejetant Badinguet hors du pays, ont amené l'envahissement de notre belle France, par les hordes allemandes. Nous n'avons rien à ch'anger à son contenu — il fut véritablement prophétique. — Ainsi que l'a dit l'auteur, ainsi tout s'est accompli. La liberté à lui, Bonaparte est tombé. Et maintenant, peuple français, sus aux ennemis !......

Imprimerie de Herrou et Pasmau, à Lyon.

BADINGUET LE SEDAN...TAIRE

ou

L'HOMME DU 2 DÉCEMBRE.

LA FRANCE SOUS BADINGUET.

I

LE 2 DÉCEMBRE 1851.

Le jeudi 20 décembre 1848, l'Assemblée constituante, entourée en ce moment-là d'un imposant déploiement de troupes, étant en séance, à la suite d'un rapport du représentant Waldeck Rousseau, fait au nom de la commission chargée de dépouiller le scrutin pour l'élection à la présidence de la République, rapport où l'on avait remarqué cette phrase qui en résumait toute la pensée : « C'est le sceau de son inviolable puissance que la « nation, par cette admirable exécution donnée à « la loi fondamentale, pose elle-même sur la Con- « stitution pour la rendre sainte et inviolable; » au milieu du profond silence des neuf cents constituants réunis en foule et presque au complet, le président de l'Assemblée nationale constituante, Armand Marrast, se leva et dit :

« Au nom du peuple français.

« Attendu que le citoyen Charles-Louis-Napo- « léon Bonaparte, né à Paris, remplit les condi- « tions d'éligibilité prescrites par l'art. 44 de la « Constitution;

« Attendu que dans le scrutin ouvert sur toute

1

« l'étendue du territoire de la République pour
« l'élection du président, il a réuni la majorité
« absolue des suffrages ;

« En vertu des art. 47 et 48 de la Constitution,
« l'Assemblée nationale le proclame président de
« la République depuis le présent jour jusqu'au
« deuxième dimanche de mai 1852. »

Un mouvement se fit sur les bancs et dans les
tribunes pleines de peuple ; le président de l'Assemblée constituante ajouta :

« Aux termes du décret, j'invite le citoyen président de la République à vouloir bien se transporter à la tribune pour y prêter serment. »

Les représentants qui encombraient le couloir de
droite remontèrent à leurs places et laissèrent le
passage libre. Il était environ quatre heures du
soir, la nuit tombait, l'immense salle de l'Assemblée était plongée à demi dans l'ombre, les lustres
descendaient des plafonds, et les huissiers venaient
d'apporter les lampes sur la tribune. Le président
fit un signe et la porte de droite s'ouvrit.

On vit alors entrer dans la salle et monter rapidement à la tribune un homme jeune encore, vêtu
de noir, ayant sur l'habit la plaque et le grand cordon de la Légion-d'Honneur.

Toutes les têtes se tournèrent vers cet homme.
Un visage blême dont les lampes à abat-jour faisaient saillir les angles osseux et amaigris, un nez
gros et long, des moustaches, une mèche frisée sur
un front étroit, l'œil petit et sans clarté, l'attitude
timide et inquiète, nulle ressemblance avec l'empereur : c'était le citoyen Charles-Louis-Napoléon
Bonaparte. Pendant l'espèce de rumeur qui suivit
son entrée, il resta quelques instants la main droite
dans son habit boutonné, debout et immobile sur
la tribune dont le frontispice portait cette date :

22, 23, 24 *février*, et au-dessus de laquelle on lisait ces trois mots : *Liberté, Egalité, Fraternité.*

Avant d'être élu président de la République, Charles-Louis-Napoléon Bonaparte était représentant du peuple. Il siégeait dans l'Assemblée depuis plusieurs mois, et quoiqu'il assistât rarement à des séances entières, on l'avait vu assez souvent s'asseoir à la place qu'il avait choisie sur les bancs supérieurs de la gauche, dans la cinquième travée, dans cette zone communément appelée la Montagne, derrière son ancien précepteur, le représentant Viellard. Cet homme n'était pas une nouvelle figure pour l'Assemblée, son entrée y produisit pourtant une émotion profonde. C'est que pour tous, pour ses amis comme pour ses adversaires, c'était l'avenir qui entrait, un avenir inconnu. Dans l'espèce d'immense murmure qui se formait de la parole de tous, son nom courait mêlé aux appréciations les plus diverses. Ses antagonistes racontaient ses aventures, ses coups de main, Strasbourg, Boulogne, l'aigle apprivoisé et le morceau de viande dans le petit chapeau. Ses amis alléguaient son exil, sa proscription, sa prison, un bon livre sur l'artillerie, ses écrits à Ham, empreints, à un certain degré, de l'esprit libéral, démocratique et socialiste, la maturité d'un âge plus sérieux, et à ceux qui rappelaient ses folies, ils rappelaient ses malheurs.

Le général Cavaignac, qui, n'ayant pas été nommé président, venait de déposer le pouvoir au sein de l'Assemblée avec ce laconisme tranquille qui sied aux républiques, assis à sa place habituelle en tête du banc des ministres à gauche de la tribune, à côté du ministre de la justice Marie, assistait, silencieux et les bras croisés, à cette installation de l'homme nouveau.

Enfin le silence se fit, le président de l'Assemblée frappa quelques coups de son couteau de bois sur la table, les dernières rumeurs s'éteignirent, et le président de l'Assemblée dit :

— Je vais lire la formule du serment.

Ce moment eut quelque chose de religieux. L'Assemblée n'était plus l'Assemblée, c'était un temple. Ce qui ajoutait à l'immense signification de ce serment, c'est qu'il était le seul qui fût prêté dans toute l'étendue du territoire de la République. Février avait aboli, avec raison, le serment politique, et la Constitution, avec raison également, n'avait conservé que le serment du président. Ce serment avait le double caractère de la nécessité et de la grandeur : c'était le pouvoir exécutif, pouvoir subordonné, qui le prêtait au pouvoir législatif, pouvoir supérieur ; c'était mieux que cela encore : à l'inverse de la fiction monarchique où le peuple prêtait serment à l'homme investi de la puissance, c'était l'homme investi de la puissance qui prêtait serment au peuple. Le président, fonctionnaire et serviteur, jurait fidélité au peuple, souverain. Incliné devant la majesté nationale visible dans l'Assemblée omnipotente, il recevait de l'Assemblée la Constitution et lui jurait obéissance. Les représentants étaient inviolables, et lui ne l'était pas. Nous le répétons, citoyen responsable devant tous les citoyens, il était dans la nation le seul homme lié de la sorte. De là, dans ce serment unique et suprême, une solennité qui saisissait le cœur. Celui qui écrit ces lignes était assis sur son siége à l'Assemblée le jour où ce serment fut prêté. Il est un de ceux qui, en présence du monde civilisé pris à témoin, ont reçu ce serment au nom du peuple et qui l'ont encore dans leurs mains. Le voici :

« En présence de Dieu et devant le peuple fran-

« çais représenté par l'Assemblée nationale, je
« jure de rester fidèle à la République démocra-
« tique une et indivisible et de remplir tous les
« devoirs que m'impose la Constitution. »

Le président de l'Assemblée, debout, lut cette
formule majestueuse ; alors, toute l'assemblée faisant silence et recueillie, le citoyen Charles-Louis-
Napoléon Bonaparte, levant la main droite, dit
d'une voix ferme et haute :

— Je le jure !

Le représentant Boulay (de la Meurthe), depuis
vice-président de la République, et qui connaissait
Charles-Louis-Napoléon Bonaparte dès l'enfance,
s'écria : — *C'est un honnête homme ; il tiendra son
serment !*

Le président de l'Assemblée, toujours debout,
reprit, et nous ne citons ici que des paroles tex-
tuellement enregistrées au *Moniteur* : — Nous
prenons Dieu et les hommes à témoin du serment
qui vient d'être prêté. L'Assemblée nationale en
donne acte, ordonne qu'il sera transcrit au procès-
verbal, inséré au *Moniteur*, publié et affiché dans
la forme des actes législatifs.

Il semblait que tout fût fini ; on s'attendait à ce
que le citoyen Charles-Louis-Napoléon Bonaparte,
désormais président de la République jusqu'au
deuxième dimanche de mai 1852, descendit de la
tribune. Il n'en descendit pas ; il sentit le noble
besoin de se lier plus encore, s'il était possible, et
d'ajouter quelque chose au serment que la Constitution lui demandait, afin de faire voir à quel point
ce serment était chez lui libre, et spontané ; il demanda la parole. — Vous avez la parole, dit le
président de l'Assemblée.

L'attention et le silence redoublèrent.

Le citoyen Louis-Napoléon Bonaparte déplia un

papier et lut un discours. Dans ce discours, il annonçait et il installait le ministère nommé par lui, et il disait :

« Je veux, comme vous, citoyens représentants,
« rasseoir la société sur ses bases, raffermir les
« institutions démocratiques, et rechercher tous les
« moyens propres à soulager les maux de ce peuple
« généreux et intelligent qui vient de me donner
« un témoignage si éclatant de sa confiance (1). »

Il remerciait son prédécesseur au pouvoir éxécutif, le même qui put dire plus tard ces belles paroles : *Je ne suis pas tombé du pouvoir, j'en suis descendu ;* et il le glorifiait en ces termes :

« La nouvelle administration, en entrant aux
« affaires, doit remercier celle qui l'a précédée des
« efforts qu'elle a faits pour transmettre le pouvoir
« intact, pour maintenir la tranquillité pu-
« blique (2). »

« La conduite de l'honorable général Cavaignac
« a été digne de la loyauté de son caractère et de
« ce sentiment du devoir qui est la première qua-
« lité du chef de l'Etat (3). »

L'Assemblée applaudit à ces paroles, mais ce qui frappa tous les esprits, et ce qui se grava profondément dans toutes les mémoires, ce qui eut un écho dans toutes les consciences loyales, ce fut cette déclaration toute spontanée, nous le répétons, par laquelle il commença :

« Les suffrages de la nation et le serment que je
« viens de prêter commandent ma conduite future.
« Mon devoir est tracé. Je le remplirai en homme
« d'honneur.

(1) (Très-bien ! très-bien !) *Moniteur.*
(2) (Marques d'adhésion.) *Moniteur.*
(3) (Nouvelles marques d'assentiment.) *Moniteur.*

« Je verrai des ennemis de la patrie dans tous
« ceux qui tenteraient de changer, par des voies
« illégales, ce que la France entière a établi. »

Quand il eut fini de parler, l'Assemblée constituante se leva et poussa d'une seule voix ce grand
cri : Vive la République !

Louis-Napoléon Bonaparte descendit de la tribune, alla droit au général Cavaignac, et lui tendit
la main. Le général hésita quelques instants à
accepter ce serrement de main. Tous ceux qui
venaient d'entendre les paroles de Louis Bonaparte,
prononcées avec un accent si profond de loyauté,
blâmèrent le général.

La Constitution à laquelle Louis-Napoléon Bonaparte prêta serment le 20 décembre 1848 « à la
face de Dieu et des hommes » contenait, entre
autres articles, ceux-ci :

« Art. 36. Les représentants du peuple sont in-
« violables.

« Art. 37. Ils ne peuvent être arrêtés en matière
« criminelle, sauf le cas de flagrant délit, ni pour-
« suivis qu'après que l'Assemblée a permis la
« poursuite.

« Art. 68. Toute mesure par laquelle le prési-
« dent de la République dissout l'Assemblée na-
« tionale, la proroge ou met obstacle à l'exercice de
« son mandat, est un crime de haute trahison.

« Par ce seul fait, le président est déchu de ses
« fonctions, les citoyens sont tenus de lui refuser
« obéissance : le pouvoir exécutif passe de plein
« droit à l'Assemblée nationale. Les juges de la
« Haute-Cour se réunissent immédiatement à peine
« de forfaiture ; ils convoquent les jurés dans le
« lieu qu'ils désignent pour procéder au jugement
« du président et de ses complices ; ils nomment

« eux-mêmes les magistrats chargés de remplir les
« fonctions du ministère public. »

Moins de trois ans après cette journée mémo-
rable, le 2 décembre 1851, au lever du jour, on
put lire, à tous les coins des rues de Paris, l'affiche
que voici :

« Au nom du Peuple français, le président de
« la République

« Décrète :

« Art. 1er. L'Assemblée nationale est dissoute.
« Art. 2. Le suffrage universel est rétabli. La
« loi du 31 mai est abrogée.
Art. 3. Le peuple français est convoqué dans
« ses comices.
« Art. 4. L'état de siége est décrété dans toute
« l'étendue de la première division militaire.
« Art. 5. Le conseil d'Etat est dissous.
« Art. 6. Le ministre de l'intérieur est chargé
« de l'exécution du présent décret.

« Fait au Palais de l'Elysée, le 2 décembre 1851.

« Louis-Napoléon Bonaparte. »

En même temps Paris apprit que quinze représentants du peuple, inviolables, avaient été arrêtés
chez eux, dans la nuit, par ordre de Louis-Napoléon
Bonaparte.

II

DEVOIRS DES CITOYENS.

Ceux qui ont reçu en dépôt pour le peuple, comme représentants du peuple, le serment du 20 décembre 1848, ceux surtout qui, deux fois investis de la confiance de la nation, le virent jurer comme constituants et le virent violer comme législateurs, avaient assumé en même temps que leur mandat, deux devoirs. Le premier c'était, le jour où ce serment serait violé, de se lever, d'offrir leurs poitrines, de ne calculer ni le nombre ni la force de l'ennemi ; de couvrir de leurs corps la souveraineté du peuple, et de saisir, pour combattre et pour jeter bas l'usurpateur, toutes les armes, depuis la loi qu'on trouve dans le code jusqu'au pavé qu'on prend dans la rue. Le second devoir c'était, après avoir accepté le combat et toutes ses chances, d'accepter la proscription et toutes ses misères ; de se dresser éternellement debout devant le traître, son serment à la main ; d'oublier leurs souffrances intimes, leurs douleurs privées, leurs familles dispersées et mutilées, leurs fortunes détruites, leurs affections brisées, leur cœur saignant, de s'oublier eux-mêmes, et de n'avoir plus désormais qu'une plaie, la plaie de la France ; de crier justice ! de ne se laisser jamais apaiser ni fléchir, d'être implacables ; de saisir l'abominable parjure couronné, sinon avec la main de la loi, du moins avec les tenailles de la vérité, et de faire rougir au feu de l'histoire toutes les lettres de son serment et de les lui imprimer sur la face !

Celui qui écrit ces lignes est de ceux qui n'ont

reculé devant rien, le 2 décembre, pour accomplir le premier de ces deux grands devoirs; en publiant ce livre, il remplit le second.

III

LES ÉCLABOUSSURES DU CRIME DU 2 DÉCEMBRE.

Il est temps que la conscience humaine se réveille.

Depuis le 2 décembre 1851, un guet-apens réussi, un crime odieux, repoussant, infâme, inouï, si l'on songe au siècle où il a été commis, triomphe et domine, s'érige en théorie, s'épanouit à la face du soleil, fait des lois, rend des décrets, prend la société, la religion et la famille sous sa protection, tend la main aux rois de l'Europe, qui l'acceptent, et leur dit : mon frère ou mon cousin. Ce crime, personne ne le conteste, pas même ceux qui en profitent et qui en vivent; ils disent seulement qu'il a été « nécessaire; » pas même celui qui l'a commis; il dit seulement que, lui criminel, il a été « absous. » Ce crime contient tous les crimes, la trahison dans la conception, le parjure dans l'exécution, le meurtre et l'assassinat dans la lutte, la spoliation, l'escroquerie et le vol dans le triomphe; ce crime traîne après lui, comme parties intégrantes de lui-même, la suppression des lois, la violation des inviolabilités constitutionnelles, la séquestration arbitraire, la confiscation des biens, les massacres nocturnes, les fusillades secrètes, les commissions remplaçant les tribunaux, dix mille citoyens déportés, quarante mille citoyens proscrits, soixante mille familles ruinées et désespérées. Ces choses sont patentes. Eh bien! ceci est poignant à dire, le silence se fait sur ce crime; il est là, on le touche, on le voit, on passe outre et l'on va à ses affaires ; la boutique ouvre, la bourse agiote, le commerce, assis sur son ballot, se frotte les mains, et nous touchons presque au moment où l'on va trouver cela tout simple. Celui qui aune de l'étoffe n'entend pas que le mètre qu'il a dans la main lui parle et lui dit : « C'est une fausse mesure qui gouverne. » Celui qui pèse une denrée n'entend pas que sa balance élève sa voix et lui dit : « C'est un faux poids qui règne. » Ordre étrange que celui-là, ayant pour base le désordre suprême, la négation de tout droit! l'équilibre fondé sur l'iniquité!

Ajoutons, ce qui, du reste, va de soi, que l'auteur de ce crime est un malfaiteur de la plus cynique et de la plus basse espèce.

A l'heure qu'il est, que tous ceux qui portent une robe, une écharpe ou un uniforme, que tous ceux qui servent cet homme le sachent, s'ils se croient les agents d'un pouvoir, qu'ils se détrompent, ils sont les camarades d'un pirate. Depuis le 2 décembre, il n'y a plus en France de fonctionnaires, il n'y a que des complices. Le moment est venu que chacun se rende bien compte de ce qu'il a fait et de ce qu'il continue de faire. Le gendarme qui a arrêté ceux que l'homme de Strasbourg, de Boulogne et de Sedan appelle des « insurgés, » a arrêté les gardiens de la Constitution. Le juge qui a jugé les combattants de Paris ou des provinces, a mis sur la sellette les soutiens de la loi. L'officier qui a gardé à fond de cale les « condamnés, » a détenu les défenseurs de la république et de l'Etat. Le général d'Afrique qui emprisonne à Lambessa les déportés courbés sous le soleil, frissonnant de fièvre, creusant dans la terre brûlée un sillon qui sera leur fosse, ce général-là séquestre, torture et assassine les hommes du droit. Tous, généraux, officiers, gendarmes, juges, sont en pleine forfaiture. Ils ont devant eux plus que des innocents, des héros! plus que des victimes, des martyrs!

Qu'on le sache donc, et qu'on se hâte, et, du moins, qu'on brise les chaînes, qu'on tire les verrous, qu'on vide les pontons, qu'on ouvre les geôles, puisqu'on n'a pas encore le courage de saisir l'épée! Allons, consciences, debout! éveillez-vous, il est temps!

Si la loi, le droit, le devoir, la raison, le bon sens, l'équité, la justice ne suffisent pas, qu'on songe à l'avenir. Si le remords se tait, que la responsabilité parle!

Et que tous ceux qui, propriétaires, serrent la main d'un magistrat; banquiers, fêtent un général; paysans, saluent un gendarme; que tous ceux qui ne s'éloignent pas de l'hôtel où est le ministre, de la maison où est le préfet, comme d'un lazaret; que tous ceux qui, simples citoyens, non fonctionnaires, vont aux bals et aux banquets de Louis Bonaparte et ne voient pas que le drapeau noir est sur l'Élysée, que tous ceux-là le sachent également, ce genre d'opprobre est contagieux; s'ils échappent à la complicité matérielle, ils n'échappent pas à la complicité morale. Le crime du 2 décembre les éclabousse.

La situation présente, qui semble calme à qui ne pense pas, est violente, qu'on ne s'y méprenne point. Quand la moralité publique s'éclipse, il se fait dans l'ordre social une ombre qui épouvante,

Toutes les garanties s'en vont, tous les points d'appui s'évanouissent.

Désormais il n'y a pas en France un tribunal, pas une cour, pas un juge qui puisse rendre la jus-

tice et prononcer une peine, à propos de quoi que
ce soit, contre qui que ce soit, au nom de quoi que
ce soit.

Qu'on traduise devant les assises un malfaiteur
quelconque, le voleur dira aux juges : Le chef de
l'Etat a volé vingt-cinq millions à la Banque; le
faux témoin dira aux juges : Le chef de l'Etat a fait
un serment à la face de Dieu et des hommes, et ce
serment, il l'a violé; le coupable de la séquestration
arbitraire dira : Le chef de l'Etat a arrêté et détenu contre toutes les lois les représentants du peuple souverain; l'escroc dira : Le chef de l'Etat a
escroqué son mandat, escroqué le pouvoir, escroqué les Tuileries; le faussaire dira : Le chef de
l'Etat a falsifié un scrutin; le bandit du coin du
bois dira : Le chef de l'Etat a coupé leur bourse aux
princes d'Orléans; le meurtrier dira : Le chef de
l'Etat a fusillé, mitraillé, sabré et égorgé les passants dans les rues, — et tous ensemble, escroc.
faussaire, faux témoin, bandit, voleur, assassin,
ajouteront : — Et vous, juges, vous êtes allés sa-
luer cet homme, vous êtes allés le louer de s'être
parjuré, le complimenter d'avoir fait un faux, le
glorifier d'avoir escroqué, le féliciter d'avoir volé et
le remercier d'avoir assassiné! qu'est-ce que vous
nous voulez?

Certes, c'est là un état de choses grave. S'en-
dormir sur une telle situation, c'est une ignominie
de plus.

Il est temps, répétons-le, que ce monstrueux
sommeil des consciences finisse. Il ne faut pas
qu'après cet effrayant scandale : le triomphe du
crime, ce scandale plus effrayant encore soit donné
aux hommes : l'indifférence du monde civilisé.

Si cela était, l'histoire apparaîtrait un jour comme
une vengeresse; et dès à présent, de même que les

lions blessés s'enfoncent dans les solitudes, l'homme juste, voilant sa face en présence de cet abaissement universel, se réfugierait dans l'immensité du mépris.

IV

RÉVEIL DE LA FRANCE. — DÉBACLE DE BADINGUET.

Mais cela ne sera pas; on se réveillera.

Ce livre n'a pas d'autre but que de secouer ce sommeil. La France ne doit pas même adhérer à ce gouvernement par le consentement de la léthargie : à de certaines heures, en de certains lieux, à de certaines ombres, dormir, c'est mourir.

Ajoutons qu'au moment où nous sommes, la France, chose étrange à dire et pourtant réelle, ne sait rien de ce qui s'est passé le 2 décembre et depuis, ou le sait mal, et c'est là qu'est l'excuse. Cependant, grâce à plusieurs publications généreuses et courageuses, les faits commencent à percer. Ce livre est destiné à en mettre quelques-uns en lumière, et s'il plaît à Dieu, à les présenter tous sous leur vrai jour. Il importe qu'on sache un peu ce que c'est que M. Bonaparte. A l'heure qu'il est, grâce à la suppression de la tribune, grâce à la suppression de la presse, grâce à la suppression de la parole, de la liberté et de la vérité, suppression qui a eu pour résultat de tout permettre à M. Bonaparte, mais qui a en même temps pour effet de frapper de nullité tous ses actes sans exception, y compris l'inqualifiable scrutin du 20 décembre, grâce, disons-nous, à cet étouffement de toute plainte et de toute clarté, aucune chose, aucun homme, aucun fait, n'ont leur vraie figure et ne portent leur vrai nom; le crime de M. Bonaparte n'est pas crime, il s'appelle nécessité ; le guet-apens de M. Bonaparte n'est pas guet-apens, il s'appelle défense de l'ordre ; les vols de M. Bonaparte ne sont pas vols, ils s'appellent mesures d'Etat ; les meurtres de M. Bonaparte ne sont pas meurtres, ils s'appellent salut public ; les complices de M. Bonaparte ne sont pas des malfaiteurs, ils s'appellent magistrats, sénateurs et conseillers d'Etat ; les adversaires de M. Bonaparte ne sont pas les soldats de la loi et du droit, ils s'appellent jacques, démagogues et partageux. Aux yeux de la France, aux yeux de l'Europe, le 2 décembre, est encore masqué. Ce livre n'est pas autre chose qu'une main qui sort de l'ombre et qui lui arrache le masque.

Allons, nous allons exposer ce triomphe de l'ordre ; nous allons peindre ce gouvernement vigoureux, assis, carré, fort ; ayant pour lui une foule de petits jeunes gens qui ont plus d'ambition que de bottes, beaux fils et vilains gueux ; soutenu à la bourse par Fould le juif, et à l'église par Montalembert le catholique, estimé des femmes qui veulent être filles et des hommes qui veulent être préfets ; appuyé sur la coalition des prostitutions ; donnant des fêtes ; faisant des cardinaux ; portant cravate blanche et claque sous le bras, ganté beurre frais comme Morny, verni à neuf comme Maupas, frais brossé comme Persigny, riche, élégant, propre, doré, brossé, joyeux, né dans uu mare de sang.

Oui, on se réveillera !

Oui, on sortira de cette torpeur qui, pour un tel peuple, est la honte ; et quand la France sera réveillée, quand elle ouvrira les yeux, quand elle distinguera, quand elle verra ce qu'elle a devant elle et à côté d'elle, elle reculera, cette France, avec un frémissement terrible, devant ce monstrueux forfait qui a osé l'épouser dans les ténèbres et dont elle a partagé le lit.

Alors l'heure suprême sonnera.

Les sceptiques sourient et insistent; ils disent : « — N'espérez rien. Ce régime, selon vous, est la honte de la France. Soit; cette honte est cotée à la Bourse, n'espérez rien. Vous êtes des poëtes et des rêveurs si vous espérez. Regardez donc : la tribune, la presse, l'intelligence, la parole, la pensée, tout ce qui était la liberté, a disparu. Hier cela remuait, cela vivait, aujourd'hui cela est pétrifié, Eh bien ! on est content, on s'accommode de cette pétrification, on en tire parti, on y fait ses affaires, on vit là-dessus comme à l'ordinaire. La société continue, et force honnêtes gens trouvent les choses bien ainsi. Pourquoi voulez-vous que cette situation change? pourquoi voulez-vous que cette situation finisse? Ne vous faites pas illusion; ceci est solide, ceci est stable, ceci est le présent et l'avenir. »

Nous sommes en Russie. La Néva est prise. On bâtit des maisons dessus; de lourds chariots lui marchent sur le dos. Ce n'est plus de l'eau, c'est de la roche. Les passants vont et viennent sur ce marbre qui a été un fleuve. On improvise une ville, on trace des rues, on ouvre des boutiques, on vend, on achète, on boit, on mange, on dort, on allume du feu sur cette eau. On peut tout se permettre. Ne craignez rien, faites ce qu'il vous plaira ; riez, dansez, c'est plus solide que la terre ferme. Vraiment, cela sonne sous le pied comme du granit. Vive l'hiver! vive la glace! en voilà pour l'éternité. Et regardez le ciel, est-il jour? est-il nuit? Une lueur blafarde et blême se traîne sur la neige; on dirait que le soleil meurt.

Non, tu ne meurs pas, liberté! un de ces jours, au moment où l'on s'y attendra le moins, à l'heure même où l'on t'aura le plus profondément oubliée, tu te lèveras! — ô éblouissement! on verra tout à coup ta face d'astre sortir de terre et resplendir à l'horizon. Sur toute cette neige, sur toute cette glace, sur cette plaine dure et blanche, sur cette eau devenue bloc, sur tout cet infâme hiver, tu lanceras ta flèche d'or, ton ardent et éclatant rayon! la lumière, la chaleur, la vie! — Et alors, écoutez! entendez-vous ce bruit sourd? entendez-vous ce craquement profond et formidable? c'est la débâcle! c'est la Néva qui s'écroule! c'est le fleuve qui reprend son cours! c'est l'eau vivante, joyeuse et terrible qui soulève la glace hideuse et morte et qui la brise!

— C'était du granit, disiez-vous; voyez, cela se fend comme une vitre! c'est la débâcle, vous dis-je! c'est la vérité qui revient; c'est le progrès qui recommence, c'est l'humanité qui se remet en marche et qui charrie, entraîne, arrache, emporte, heurte, mêle, écrase et noie dans ses flots, comme les pauvres misérables meubles d'une masure, non-seulement l'empire tout neuf de Louis Bonaparte, mais tous les constructions et toutes les œuvres de l'antique despotisme éternel! Regardez passer tout cela. Cela disparaît à jamais. Vous ne le reverrez plus. Ce livre à demi subergé, c'est le vieux code d'iniquité! ce tréteau qui s'engloutit, c'est le trône! cet autre tréteau qui s'en va, c'est l'échafaud!

Et pour cet engloutissement immense, et pour cette victoire suprême de la vie sur la mort, qu'at-il fallu? Un de tes regards, ô soleil! un de tes rayons, ô liberté! Sedan et Metz, trahison et incapacité; Paris investi et les Allemands dans toute la France, c'est dur, c'est triste; mais la liberté est au bout et le Corse hollandais au pilori!...

V

LE BANDIT CORSE.

Charles-Louis-Napoléon Bonaparte, né à Paris le 20 avril 1808, est fils d'Hortense de Beauharnais, mariée par l'empereur à Louis-Napoléon, roi de Hollande. En 1831, mêlé aux insurrections d'Italie, où son frère aîné fut tué, Louis Bonaparte essaya de renverser la papauté. Le 30 octobre 1835 il tenta de renverser Louis-Philippe. Il avorta à Strasbourg, et gracié par le roi, s'embarqua pour l'Amérique, laissant juger ses complices derrière lui. Le 11 novembre il écrivait : « Le roi, *dans sa clé-* « *mence*, a ordonné que je fusse conduit en Améri- « que; » il se déclarait « vivement touché de *la* « *générosité* du roi, » ajoutant : « Certes, nous « sommes tous coupables envers le gouvernement « d'avoir pris les armes contre lui, mais *le plus* « *coupable, c'est moi,* » et terminait ainsi : « J'étais « *coupable* envers le gouvernement; or le gouver- « nement a été *généreux* envers moi (1). » Il revint d'Amérique en Suisse, se fit nommer capitaine d'artillerie à Berne et bourgeois de Salenstein en Thurgovie, évitant également, au milieu des complications diplomatiques causées par sa présence, de se déclarer Français et de s'avouer Suisse, et se bornant, pour rassurer le gouvernement français, à affirmer, par une lettre du 20 août 1838, qu'il vit « presque seul » dans la maison « où sa mère est

______

(1) Lettre lue à la cour d'assises par l'avocat Parquin qui, après l'avoir lue, s'écria : « Parmi les nombreux défauts » de Louis-Napoléon, il ne faut pas du moins compter » l'ingratitude. »

« morte, » et que sa « ferme volonté » est de
« rester tranquille ». Le 6 août 1840, il débarqua
à Boulogne, parodiant le débarquement à Cannes,
coiffé du petit chapeau (1), apportant un aigle doré
au bout d'un drapeau et un aigle vivant dans une
cage, force proclamations, et soixante valets, cui-
siniers et palefreniers, déguisés en soldats français
avec des uniformes achetés au Temple et des bou-
tons du 42ᵉ de ligne fabriqués à Londres. Il jette
de l'argent aux passants dans les rues de Boulogne,
met son chapeau à la pointe de son épée et crie lui-
même *vive l'empereur*; tire à un officier (2) un coup
de pistolet qui casse trois dents à un soldat, et s'en-
fuit. Il est pris, on trouve sur lui cinq cent mille
francs en or et en banknotes (3) ; le procureur général
Frank-Carré lui dit en pleine Cour des pairs :
« Vous avez fait pratiquer l'embauchage et distri-
« buer l'argent pour acheter la trahison. » Les pairs
le condamnent à la prison perpétuelle. On l'enferme
à Ham. Là son esprit parut se replier et mûrir ; il
écrivit et publia des livres empreints, malgré une
certaine ignorance de la France et du siècle, de
démocratie et de progrès : l'*Extinction du Paupérisme*, l'*Analyse de la Question des sucres*, les *Idées
napoléoniennes*, où il fit l'empereur « humanitaire. »
Dans un livre intitulé *Fragments historiques* il
écrivit : « Je suis citoyen avant d'être Bonaparte. »
Déjà en 1832, dans son livre *Rêveries politiques*,
il s'était déclaré « républicain. » Après six ans de
captivité, il s'échappa de la prison de Ham, déguisé

(1) *Cour des pairs*. Attentat du 6 août 1840, page 140,
témoin Geoffroy, grenadier.

(2) Le capitaine Col-Puygellier, qui lui avait dit : Vous
êtes un conspirateur et un traître.

(3) *Cour des pairs*. Témoin Adam, maire de Boulogne.

en maçon, et se réfugia en Angleterre. Février arriva, il acclama la République, vint siéger comme représentant du peuple à l'Assemblée constituante, monta à la tribune le 21 septembre 1848, et dit : « Toute ma vie sera consacrée à l'affermissement » de la République, » publia un manifeste qui peut se résumer en deux lignes : liberté, progrès, démocratie, amnistie, abolition des décrets de proscription et de bannissement ; fut élu président par cinq millions cinq cent mille voix, jura solennellement la Constitution le 20 décembre 1848, et, le 2 décembre 1851, la brisa. Dans l'intervalle il avait détruit la République romaine et restauré en 1849 cette papauté qu'il voulait jeter bas en 1831. Il avait en outre pris on ne sait quelle part à l'obscure affaire dite loterie des lingots d'or ; dans les semaines qui ont précédé le coup d'Etat, ce sac était devenu transparent et l'on y avait aperçu une main qui ressemblait à la sienne. Le 2 décembre et les jours suivants, il a, lui pouvoir exécutif, attenté au pouvoir législatif, arrêté les représentants, chassé l'Assemblée, dissout le conseil d'Etat, expulsé la Haute Cour de justice, supprimé les lois, pris vingt-cinq millions à la Banque, gorgé l'armée d'or, mitraillé Paris, terrorisé la France ; depuis il a proscrit quatre-vingt-quatre représentants du peuple, volé aux princes d'Orléans les biens de Louis-Philippe leur père, auquel il devait la vie, décrété le despotisme en cinquante-huit articles sous le titre de Constitution, garotté la République, fait de l'épée de la France un bâillon dans la bouche de la liberté, brocanté les chemins de fer, fouillé les poches du peuple, réglé le budget par ukase, déporté en Afrique et à Cayenne dix mille démocrates, exilé en Belgique, en Espagne, en Piémont, en Suisse et en Angleterre quarante mille républicains, mis dans toutes les âmes le deuil et sur tous les fronts la rougeur.

Louis Bonaparte crût monter au trône, il ne s'aperçut pas qu'il montait au poteau.

VI

PHYSIQUE ET MORAL DU BANDIT CORSE.

Louis Bonaparte est un homme de moyenne taille, froid, pâle, lent, qui a l'air de n'être pas tout à fait réveillé. Il a publié, nous l'avons rappelé déjà, un traité assez estimé sur l'artillerie, et connaît à fond la manœuvre du canon. Il monte bien à cheval. Sa parole traîne avec un léger accent allemand. Ce qu'il a d'histrion en lui a paru au tournoi d'Eglington. Il a la moustache épaisse et couvrant le sourire comme le duc d'Albe, et l'œil éteint comme Charles IX.

Si on le juge en dehors de ce qu'il appelle « ses « actes nécessaires » ou « ses grands actes, » c'est un personnage vulgaire, puéril, théâtral et vain. Les personnes invitées chez lui, l'été, à Saint-Cloud, reçoivent, en même temps que l'invitation, l'ordre d'apporter une toilette du matin et une toilette du soir. Il aime la gloriole, le pompon, l'aigrette, la broderie, les paillettes et les passequilles, les grands mots, les grands titres, ce qui sonne, ce qui brille, toutes les verroteries du pouvoir. En sa qualité de parent de la bataille d'Austerlitz, il s'habille en général.

Peu lui importe d'être méprisé, il se contente de la figure du respect.

Cet homme ternirait le second plan de l'histoire,

il souille le premier. L'Europe riait de l'autre continent en regardant Haïti quand elle a vu apparaître ce Soulouque blanc. Il y a maintenant en Europe, au fond de toutes les intelligences, même à l'étranger, une stupeur profonde, et comme le sentiment d'un affront personnel ; car le continent européen, qu'il le veuille ou non, est solidaire de la France, et ce qui abaisse la France humilie l'Europe.

Avant le 2 décembre, les chefs de la droite disaient volontiers de Louis Bonaparte : *C'est un idiot.* Ils se trompaient. Certes, ce cerveau est trouble, ce cerveau a des lacunes, mais on peut y déchiffrer par endroits plusieurs pensées de suite et suffisamment enchaînées. C'est un livre où il y a des pages arrachées. Louis Bonaparte a une idée fixe, mais une idée fixe n'est pas l'idiotisme. Il sait ce qu'il veut, et il y va. A travers la justice, à travers la loi, à travers la raison, à travers l'honnêteté, à travers l'humanité, soit, mais il y va.

Ce n'est pas un idiot. C'est un homme d'un autre temps que le nôtre. Il semble absurde et fou parce qu'il est dépareillé. Transportez-le au xvie siècle en Espagne, et Philippe II le reconnaîtra ; en Angleterre, et Henri VIII lui sourira ; en Italie, et César Borgia lui sautera au cou. Ou même bornez-vous à le placer hors de la civilisation européenne, mettez-le, en 1817, à Janina, Ali-Tepeleni lui tendra la main.

Il y a en lui du moyen-âge et du bas-empire. Ce qu'il fait eût semblé tout simple à Michel Ducas, à Romain Diogène, à Nicéphore Botoniate, à l'eunuque Narsès, au vandale Stilicon, à Mahomet II, à Alexandre VI, à Ezzelin de Padoue, et lui semble tout simple à lui. Seulement il oublie ou il ignore qu'au temps où nous sommes, ses actions auront à traverser ces grandes effluves de moralité humaine

dégagées par nos trois siècles lettrés et par la Révolution française, et que, dans ce milieu, ses actions
prendront leur vraie figure et apparaîtront ce
qu'elles sont, hideuses.

Ses partisans — il en a — le mettent volontiers
en parallèle avec son oncle, le premier Bonaparte.
Ils disent : « L'un a fait le 18 brumaire, l'autre à
« fait le 2 décembre : ce sont deux ambitieux. »
Le premier Bonaparte voulait réédifier l'empire
d'Occident, faire l'Europe vassale, dominer le continent de sa puissance et l'éblouir de sa grandeur,
prendre un fauteuil et donner aux rois des tabou-
rets, faire dire à l'histoire : Nemrod, Cyrus,
Alexandre, Annibal, César, Charlemagne, Napoléon, être un maître du monde. Il l'a été. C'est pour
cela qu'il a fait le 18 brumaire. Celui-ci veut avoir
des chevaux et des filles, être appelé monseigneur
et bien vivre. C'est pour cela qu'il a fait le 2 décembre. — Ce sont deux ambitieux; la comparai-
son est juste.

Ajoutons que, comme le premier, celui-ci a voulu
aussi être empereur. Mais ce qui calme un peu les
comparaisons, c'est qu'il y a peut être quelque dif-
férence entre conquérir l'empire et le filouter.

Quoi qu'il en soit, ce qui est certain et ce que rien
ne peut voiler, pas même cet éblouissant rideau de
gloire et de malheur sur lequel on lit : Arcole,
Lodi, les Pyramides, Eylau, Friedland, Sainte-
Hélène, ce qui est certain, disons-nous, c'est que le
18 brumaire est un crime dont le 2 décembre a
élargi la tache sur la mémoire de Napoléon.

M. Louis Bonaparte se laisse volontiers entrevoir
socialiste. Il sent qu'il y a là pour lui une sorte de
champ vague, exploitable à l'ambition. Nous l'avons
dit, il a passé son temps dans sa prison à se faire
une quasi réputation de démocrate. Un fait le peint.

Quand il publia, étant à Ham, son livre sur l'*Extinction du Paupérisme*, livre en apparence ayant pour but unique et exclusif de sonder la plaie des misères du peuple et d'indiquer les moyens de la guérir, il envoya l'ouvrage à un de ses amis avec ce billet, qui a passé sous nos yeux : « Lisez ce tra- « vail sur le paupérisme, et dites-moi si vous « pensez qu'il soit de nature *à me faire du bien.* »

Le grand talent de M. Louis Bonaparte, c'est le silence.

Avant le 2 décembre, il avait un conseil de ministre qui s'imaginait être quelque chose, étant responsable. Le président présidait. Jamais, ou presque jamais, il ne prenait part aux discussions. Pendant que MM. Odilon Barrot, Passy, Tocqueville, Dufaure ou Faucher parlaient, *il construisait avec une attention profonde*, nous disait un de ces ministres, *des cocottes en papier ou dessinait des bonshommes sur les dossiers.*

Faire le mort, c'est là son art. Il reste muet et immobile, en regardant d'un autre côté que son dessein, jusqu'à l'heure venue. Alors il tourne la tête et fond sur sa proie. Sa politique vous apparaît brusquement à un tournant inattendu, le pistolet au poing, *ut fur.* Jusque-là, le moins de mouvement possible. Un moment, dans les trois années de république, on le vit de front avec Changarnier, qui, lui aussi, méditait de son côté une entreprise. *Ibant obscuri*, comme dit Virgile. La France considérait avec une certaine anxiété ces deux hommes. Qu'y a-t-il entre eux? L'un ne rêva-t-il pas Cromwell? l'autre ne rêva-t-il pas Monk? On s'interrogeait et on les regardait. Chez l'un et chez l'autre même attitude de mystère, même tacti‘ que d'immobilité. Bonaparte ne disait pas un mot. Changarnier ne faisait pas un geste; l'un ne bougeait point, l'autre ne soufflait pas; tous deux semblaient jouer à qui serait le plus statue.

Ce silence, cependant, Louis Bonaparte le rompt quelquefois. Alors il ne parle pas, il ment. Cet homme ment comme les autres hommes respirent. Il annonce une intention honnête, prenez garde; il affirme, méfiez-vous; il fait un serment, tremblez.

Machiavel a fait des petits. Louis Bonaparte en est un.

Annoncer une énormité dont le monde se récrie, la désavouer avec indignation, jurer ses grands dieux, se déclarer honnête homme, puis au moment où l'on se rassure et où l'on rit de l'énormité en question, l'exécuter. Ainsi il a fait pour le coup d'État, ainsi pour les décrets de proscription, ainsi pour la spoliation des princes d'Orléans; ainsi pour la guerre à l'Autriche; ainsi pour la guerre à la Prusse; ainsi pour sa trahison à Sedan. C'est là son procédé; pensez-en ce que vous voudrez; il s'en sert, il le trouve bon, cela le regarde. Il aura à démêler la chose avec l'histoire.

On est de son cercle intime; il laisse entrevoir un projet qui semble, non immoral, on n'y regarde pas de si près, mais insensé et dangereux, et dangereux pour lui-même; on élève des objections; il écoute, ne répond pas, cède quelquefois pour deux ou trois jours, puis reprend son dessein, et fait sa volonté. Il y a à sa table, dans son cabinet de l'Elysée, un tiroir souvent entr'ouvert. Il tire de là un papier, le lit à un ministre, c'est un décret. Le ministre adhère ou résiste. S'il résiste, Louis Bonaparte rejette le papier dans le tiroir où il y a beaucoup d'autres paperasses, rêves d'homme tout-puissant, ferme ce tiroir, en prend la clef et s'en va sans dire un mot. Le ministre salue et se retire charmé de la déférence. Le lendemain matin, le décret est au *Moniteur*.

Quelquefois avec la signature du ministre.

Grâce à cette façon de faire, il a toujours à son service l'inattendu, grande force; et ne rencontrant en lui-même aucun obstacle intérieur dans ce que les autres hommes appellent conscience, il pousse son dessein, n'importe à travers quoi, nous l'avons dit, n'importe sur quoi, et touche son but.

Il recule quelquefois, non devant l'effet moral de ses actes, mais devant l'effet matériel. Les décrets d'expulsion de quatre-vingt-quatre représentants, publiés le 6 janvier 1853, par le *Moniteur*, révoltèrent le sentiment public. Si bien liée que fût la France, on sentit le tressaillement. On était encore très-près du 2 décembre; toute émotion pouvait avoir son danger. Louis Bonaparte le comprit. Le lendemain, 10, un second décret d'expulsion devait paraître, contenant huit cents noms. Louis Bonaparte se fit apporter l'épreuve du *Moniteur*; la liste remplissait quatorze colonnes du journal officiel. Il froissa l'épreuve, la jeta au feu, et le décret ne parut pas. Les proscriptions continuèrent, sans décret.

Dans ses entreprises il a besoin d'aides et de collaborateurs; il lui faut ce qu'il appelle lui-même « des hommes. » Diogène les cherchait tenant une lanterne, lui il les cherche un billet de banque à la main. Il les trouve. De certains côtés de la nature humaine produisent toute une espèce de personnages dont il est le centre naturel et qui se groupent nécessairement autour de lui selon cette mystérieuse loi de gravitation qui ne régit pas moins l'être moral que l'atome cosmique. Pour entreprendre « l'acte du 2 décembre, » pour l'exécuter et pour le compléter, il lui fallait de ces hommes; il en eut. Aujourd'hui il en est environné; ces hommes lui font cour et cortége; ils mêlent leur rayonnement au sein. A de certains époques de l'histoire, il y a des pléiades de grands hommes; à d'autres époques, il y a des pléiades de chenapans.

Pourtant, ne pas confondre l'époque, la minute de Louis Bonaparte avec le dix-neuvième siècle; le champignon vénéneux pousse au pied du chêne, mais n'est pas le chêne.

M. Louis Bonaparte a réussi. Il a pour lui désormais l'argent, l'agio, la banque, la bourse, le comptoir, le coffre-fort, et tous ces hommes qui passent si facilement d'un bord à l'autre quand il n'y a à enjamber que de la honte. Il a fait de M. Changarnier une dupe, de M. Thiers une bouchée, de M. de Montalembert un complice, du pouvoir une caverne, du budget sa métairie. On a gravé à la Monnaie une médaille, dite médaille du 2 décembre, en l'honneur de la manière dont il tient ses serments. La frégate *la Constitution* a été débaptisée, et s'appelle la frégate *l'Elysée*. Il peut, quand il voudra, se faire sacrer par le pape, comme il a échangé la couchette de l'Elysée contre le lit des Tuileries. En attendant, depuis dix-huit ans, il s'étale; il a harangué, triomphé, présidé des banquets, donné des bals, dansé, régné, paradé et fait la roue; il s'est épanoui dans sa laideur à une loge d'opéra, il s'est fait appeler prince-président, empereur, il a distribué des drapeaux à l'armée et des croix d'honneur aux commissaires de police. Quand il s'est agi de se choisir un symbole, il s'est effacé et a pris l'aigle; modestie d'épervier. Il a pris pour femme la fille de la maîtresse à tout le monde — elle l'a soumis et berné, et aujourd'hui que la République a balayé toutes les ordures impériales, elle s'est réfugiée en Angleterre, gorgée des millions de la France, et méprise souverainement le *héros* de Sedan! Pauvre Sire, son Eugénie même l'abandonne!

VII

RÉMINISCENCES SUR LA VIE DE CE BANDIT.

Partout il avait réussi. Il en résulte que les apothéoses ne lui manquent pas. Des panégyristes, il en a plus que Trajan. Une chose me frappe pourtant, c'est que dans toutes les qualités qu'on lui reconnaît depuis le 2 décembre, dans tous les éloges qu'on lui adresse, il n'y a pas un mot qui sorte de ceci : habileté, sang-froid, audace, adresse, affaire admirablement préparée et conduite, instant bien choisi, secret bien gardé, mesures bien prises. Fausses clefs bien faites. Tout est là. Quand ces choses sont dites, tout est dit, à part quelques phrases sur la « clémence, » et encore est-ce qu'on n'a pas loué la magnanimité de Mandrin qui, quelquefois, ne prenait pas tout l'argent, et de Jean l'Ecorcheur qui, quelquefois, ne tuait pas tous les voyageurs !

En dotant M. Bonaparte de quarante millions, plus quatre millions pour l'entretien des châteaux, le sénat, doté par M. Bonaparte d'un million, félicite M. Bonaparte d'avoir « sauvé la société, » à peu près comme un personnage de comédie en félicite un autre d'avoir « sauvé la caisse. »

Quant à moi, j'en suis encore à chercher, dans les glorifications que font de M. Bonaparte ses plus ardents apologistes, une louange qui ne conviendrait pas à Cartouche et à Poulailler après un bon coup; et je rougis quelquefois, pour la langue française et pour le nom de Napoléon, des termes, vraiment un peu crus et trop peu gazés et trop appropriés aux faits, dans lesquels la magistrature et le clergé félicitent cet homme pour avoir volé le pouvoir avec effraction de la Constitution et s'être nuitamment évadé de son serment.

Après que toutes les effractions et tous les vols dont se compose le succès de sa politique ont été accomplis, il a repris son vrai nom ; chacun alors a reconnu que cet homme était un monseigneur. C'est M. Fortoul (1), disons-le à son honneur, qui s'en est aperçu le premier. Depuis on en fit une.... Majesté !...

Quand on mesure l'homme et qu'on le trouve si petit, et qu'ensuite on mesure le succès, et qu'on le trouve si énorme, il est impossible que l'esprit n'éprouve pas quelque surprise. On se demande : comment a-t-il fait ? On décompose l'aventure et l'aventurier, et en laissant à part le parti qu'il tire de son nom et certains faits extérieurs dont il s'est aidé dans son escalade, on ne trouve au fond de l'homme et de son procédé que deux choses : la ruse et l'argent.

La ruse : nous avons caractérisé déjà ce grand côté de Louis Bonaparte, mais il est utile d'y insister. Le 27 novembre 1848, il disait à ses concitoyens dans son manifeste : « Je me sens obligé de « vous faire connaître mes sentiments et mes principes. *Il ne faut pas qu'il y ait d'équivoque entre* « *vous et moi. Je ne suis pas un ambitieux...* « Elevé dans les pays *libres*, à l'école du malheur, « *je resterai toujours fidèle* aux devoirs que m'imposeront vos suffrages et les volontés de l'Assem- « blée.

« *Je mettrai mon honneur à laisser, au bout de* « *quatre ans, à mon successeur, le pouvoir affermi,* « *la liberté intacte, un progrès réel accompli.* »

Le 31 décembre 1849, dans son premier message

(1) Le premier rapport adressé à M. Bonaparte et où M. Bonaparte est qualifié *Monseigneur* est signé Fortoul.

à l'Assemblée, il écrivait : « Je veux être digne de
« la confiance de la Nation en maintenant la Con-
« stitution *que j'ai jurée.* » Le 12 novembre 1850,
dans son second message annuel à l'Assemblée, il
disait : « Si la Constitution renferme des vices et
« des dangers, vous êtes libres de les faire ressortir
« aux yeux du pays; moi seul, *lié par mon ser-*
« *ment*, je me renferme dans les strictes limites
« qu'elle a tracées. » Le 4 septembre de la même
année, à Caen, il disait : « Lorsque partout la pros-
« périté semble renaître il serait bien coupable celui
« qui tenterait d'en arrêter l'essor *par le change-*
« *ment de ce qui existe aujourd'hui.* » Quelque
temps auparavant, le 22 juillet 1849, lors de l'inau-
guration du chemin de fer de Saint-Quentin, il était
allé à Ham, il s'était frappé la poitrine devant les
souvenirs de Boulogne, et il avait prononcé ces
paroles solennelles :

« Aujourd'hui qu'élu par la France entière, je
« suis devenu le chef légitime de cette grande
« nation, je ne saurais me glorifier d'une captivité
« qui avait pour cause *l'attaque contre un gouver-*
« *nement régulier.*

« Quand on a vu combien les révolutions les
« plus justes entraînent de maux après elles, on
« comprend à peine *l'audace d'avoir voulu assu-*
« *mer sur soi la terrible responsabilité d'un chan-*
« *gement;* je ne me plains donc pas d'avoir *expié*
« *ici*, par un emprisonnement de six années, *ma*
« *témérité contre les lois de ma patrie*, et c'est avec
« bonheur que dans ces lieux même où j'ai souf-
« fert, je vous propose un toast en l'honneur des
« hommes qui sont déterminés, malgré leurs con-
« victions, *à respecter les institutions de leur*
« *pays.* »

Tout en disant cela, il conservait au fond de son

cœur, et il l'a prouvé depuis à sa façon, cette pensée écrite par lui dans cette même prison de Ham :
« Rarement les grandes entreprises réussissent du
« premier coup (1). »

Vers la mi-novembre 1851, le représentant F...,
élyséen, dînait chez M. Bonaparte :

— Que dit-on dans Paris et à l'Assemblée?
demanda le président au représentant.

— Hé, prince !

— Eh bien?

— On parle toujours...

— De quoi?

— Du coup d'Etat.

— Et l'Assemblée, y croit-elle?

— Un peu, prince.

— Et vous?

— Moi, pas de tout.

Louis Bonaparte prit vivement les deux mains de
M. F., et lui dit avec attendrissement :

— Je vous remercie, monsieur F. ; vous du moins
vous ne me croyez pas un coquin !

Ceci se passait quinze jours avant le 2 décembre.

A cette époque, et dans ce moment-là même, de
l'aveu du complice Maupas, « on préparait Mazas. »

L'argent : c'est là l'autre force de M. Bonaparte.

Parlons des faits prouvés juridiquement par les
procès de Strasbourg et de Boulogne.

A Strasbourg, le 30 octobre 1836, le colonel
Vaudrey, complice de M. Bonaparte, charge les
maréchaux de logis du 4ᵉ régiment d'artillerie de
« partager entre les canonniers de chaque batterie
« deux pièces d'or. »

Le 5 août 1840, dans le paquebot, nolisé par
lui, *la Ville d'Edimbourg,* en mer, M. Bonaparte

(1) *Fragments historiques.*

appelle autour de lui les soixante pauvres diables,
ses domestiques, qu'il avait trompés en leur faisant
accroire qu'il allait à Hambourg en excursion de
plaisir; il les harangue du haut d'une de ses voitu-
res accrochées sur le pont, leur déclare son projet,
leur jette leurs déguisements de soldats, et leur
donne à chacun cent francs par tête; puis il les fait
boire. Un peu de crapule ne gâte pas les grandes
entreprises. — « J'ai vu, » a dit devant la Cour des
pairs le témoin Hobbs (1), garçon de barre, « j'ai vu
« dans la chambre beaucoup d'argent. Les passa-
« gers me paraissaient lire des imprimés..... Les
« passagers ont passé toute la nuit à boire et à
« manger. Je ne faisais rien autre chose que de dé-
« boucher des bouteilles et servir à manger. »
Après le garçon de barre, voici le capitaine. Le juge
d'instruction demande au capitaine Crow : —
« Avez-vous vu les passagers boire? — Crow : Avec
« excès; je n'ai jamais vu semblable chose (2). » On
débarque, on rencontre le poste de douaniers de
Wimereux. M. Louis Bonaparte débute par offrir
au lieutenant de douaniers une pension de douze
cents francs. Le juge d'instruction : — « N'avez-
« vous pas offert au commandant de poste une
« somme d'argent s'il voulait marcher avec vous ? »
Le prince : « Je la lui ai fait offrir, mais il l'a re-
« fusée (3). » On arrive à Boulogne. Ses aides de
camp — il en avait dès lors — portaient suspendus
à leur cou des rouleaux de fer-blanc pleins de pièces
d'or. D'autres suivaient avec des sacs de monnaie à
la main (4). On jette de l'argent aux pêcheurs et aux

(1) Cour des pairs. *Dépositions des témoins*, p. 94.

(2) Cour des pairs. *Dépositions des témoins*, p. 75 ; voir
aussi 81, 88 à 94.

(3) Cour des pairs. *Interrogatoire des inculpés*, p. 13.

(4) Cour des pairs. *Dépositions des témoins*, p. 103,
185, etc.

paysans en les invitant à crier : « Vive l'empereur ! »
« Il suffit de trois cents gueulards, » avait dit un
des conjurés (1). Louis Bonaparte aborde le 42ᵉ, ca-
serné à Boulogne. Il dit au voltigeur Georges Kœhly :
Je suis Napoléon; vous aurez des grades et des dé-
corations. Il dit au voltigeur Antoine Gendre : *Je
suis le fils de Napoléon;* nous allons à l'hôtel du
Nord commander un dîner pour moi et pour vous.
Il dit au voltigeur Jean Meyer : *Vous serez bien
payés;* il dit au voltigeur Joseph Mény : *Vous vien-
drez à Paris, vous serez bien payés* (2). Un officier à
côté de lui tenait à la main son chapeau plein de
pièces de cinq francs qu'ils distribuaient aux cu-
rieux en disant : Criez vive l'empereur (3) ! Le grenadier Geoffroy, dans sa déposition, caractérise en
ces termes la tentative faite sur sa chambrée par un
officier et un sergent, du complot : « Le sergent
« portait une bouteille et l'officier avait le sabre à
« la main. » Ces deux lignes, c'est tout le 2 décembre.

Poursuivons :

« Le lendemain, 17 juin, le commandant Méso-
« nan, que je croyais parti, entre dans mon cabinet,
« annoncé toujours par mon aide de camp. Je lui
« dis : « Commandant, je vous croyais parti, —
« Non, mon général, je ne suis pas parti. J'ai une
« lettre à vous remettre. — Une lettre ! et de qui ?
« — Lisez, mon général. Je le fais asseoir ; je

(1) « Le président : —Prévenu de Querelles, ces enfants
« qui criaient ne sont-ils pas les *trois cents gueulards* que
« vous demandiez dans une lettre ?

(Procès de Strasbourg.)

(2) Cour des pairs. *Dépositions des témoins*, p. 143, 155,
156 et 158.

(3) Cour des pairs. *Dépositions des témoins*, témoin
Febvre, voltigeur, p. 142.

« prends la lettre; mais, au moment de l'ouvrir, je
« m'aperçus que la suscription portait : *A M. le*
« *commandant Mésonan.* Je lui dis : — Mais, mon
« cher commandant, c'est pour vous, ce n'est pas
« pour moi. — Lisez, mon général ! J'ouvre la lettre
« et je lis :

« Mon cher commandant, il est de la plus grande
« nécessité que vous voyiez de suite le général en
« question ; vous savez que c'est un homme d'exé-
« tion et sur qui on peut compter. Vous savez aussi
« que c'est un homme que j'ai noté pour être un
« jour maréchal de France. *Vous lui offrirez*
« *100,000 francs de ma part,* et vous lui deman-
« derez chez quel banquier ou chez quel notaire il
« vent *que je lui fasse compter* 300,000 *francs,*
« dans le cas où il perdrait son commandement. »

« Je m'arrêtai, l'indignation me gagnant ; je
« tournai le feuillet et je vis que la lettre était si-
« gnée : *Louis-Napoléon...*

... « Je remis cette lettre au commandant, en lui
« disant que c'était un parti ridicule et perdu. »

Qui parle ainsi ? le général Magnan. Où ? en
pleine Cour des pairs. Devant qui ? Quel est l'homme
assis sur la sellette, l'homme que Magnan couvre
de « ridicule, » l'homme vers lequel Magnan tourne
sa face « indignée ? » Louis Bonaparte.

L'argent, et avec l'argent l'orgie, ce fut là son
moyen d'action dans ses trois entreprises, à Strasbourg, à Boulogne, à Paris. Deux avortements, un
succès. Magnan, qui se refusa à Boulogne, se ven-
dit à Paris. Si Louis Bonaparte avait été vaincu le
2 décembre, de même qu'on avait trouvé sur lui, à
Boulogne, les cinq cent mille francs de Londres, on
aurait trouvé à l'Elysée les vingt-cinq millions de la
Banque.

Il y a donc eu en France, il faut en venir à parler

froidement de ces choses, en France, dans ce pays
de l'épée, dans ce pays des chevaliers, dans ce pays
de Hoche, de Drouot et de Bayard, il y a eu un jour
où un homme, entouré de cinq ou six grecs politiques, experts en guet-apens et maquignons de coups
d'Etat, accoudé dans un cabinet doré, les pieds sur
les chenets, le cigare à la bouche, a tarifé l'honneur militaire, l'a pesé dans un trébuchet comme
denrée, comme chose vendable et achetable, a
estimé le général un million et le soldat un louis,
et a dit de la conscience de l'armée française : cela
vaut tant.

Et cet homme est le neveu de l'empereur.

Du reste, ce neveu n'est pas superbe : il sait s'ac-
commoder aux nécessités de ses aventures, et il
prend facilement et sans révolte le pli quelconque
de la destinée. Mettez-le à Londres, et qu'il ait in-
térêt à complaire un gouvernement anglais, il n'hé-
sitera point, et de cette même main qui veut saisir
le sceptre de Charlemagne, il empoignera le bâton
du policeman. Si je n'étais Napoléon, je voudrais
être Vidocq.

Et maintenant la pensée s'arrête.

Et voilà par quel homme la France a été gouvernée!
Que dis-je, gouvernée? possédée souverainement!

Et chaque jour, et tous les matins, par ses décrets, par ses messages, par ses harangues, par
toutes les fatuités inouïes qu'il étale dans *le Moniteur*, cet émigré, qui ne connaît pas la France, fait
la leçon à la France! et ce faquin dit à la France
qu'il l'a sauvée! Et de qui? d'elle-même! Avant lui
la Providence ne faisait que des sottises; le bon
Dieu l'a attendu pour tout remettre en ordre; enfin
il est venu! Depuis cinquante ans il y avait en France
toutes sortes de choses pernicieuses : cette « sono-
« rité, » la tribune; ce vacarme, la presse; cette

insolence, la pensée; cet abus criant, la liberté; il
est venu, lui, et à la place de la tribune il a mis le
sénat; à la place de la presse, la censure; à la place
de la pensée, l'ineptie; à la place de la liberté, le
sabre; et de part le sabre, la censure, l'ineptie et le
sénat, la France est sauvée! Sauvée, bravo! et de
qui, je le répète? d'elle-même; car, qu'était-ce que
la France, s'il vous plaît? c'était une peuplade de
pillards, de voleurs, de jacques, d'assassins et de
démagogues. Il a fallu la lier, cette forcenée, cette
France, et c'est M. Bonaparte-Montijo qui lui a mis
les poucettes. Maintenant elle est au cachot, à la
diète, au pain et à l'eau, punie, humiliée, garrottée,
sous bonne garde; soyez tranquilles, le sieur Bonaparte, gendarme à la résidence de l'Elysée, en répond devant l'Europe; il en fait son affaire; cette
misérable France a la camisole de force, et si elle
bouge!... — Ah! qu'est-ce que c'est que ce spec-
tacle-là? qu'est-ce que c'est que ce rêve-là? qu'est-
ce que c'est que ce cauchemar-là? d'un côté une
nation, la première des nations, et de l'autre un
homme, le dernier des hommes, et voilà ce que cet
homme fait à cette nation! Quoi! il la foule aux
pieds, il lui rit au nez, il la raille, il la brave, il la
nie, il l'insulte, il la bafoue! Quoi! il dit : il n'y a
que moi! Quoi! dans ce pays de France où l'on ne
pourrait pas souffleter un homme, on peut souffleter
le peuple! Ah! quelle abominable honte! chaque
fois que M. Bonaparte crache, il faut que tous les
visages s'essuient! Et cela pourrait durer! et vous
me dites que cela durera! non! non! par tout le
sang que nous avons tous dans les veines, non! cela
ne durera pas! Ah! si cela durait, c'est qu'en effet
il n'y aurait pas de Dieu dans le ciel, ou qu'il n'y
aurait plus de France sur la terre! Mais la République de 1870 vient de balayer toute cette honte!

JUGEMENT DE L'OUVRAGE,

PAR UN PATRIOTE.

L'Homme de Sedan.

—

Ce titre seul nous dit que la brochure que vient de publier à Bruxelles le citoyen Alfred de la Guéronnière n'a rien de commun avec les travaux du ci-devant brochurier impérial, journaliste officieux et diplomate, le comte Arthur de la Guéronnière, à qui la chute de l'empire vient de donner des loisirs.

Ces deux écrivains sont aux antipodes. Ce que l'un n'a cessé d'encenser, l'autre le flagelle et le fustige d'une plume rude qui est à celle de l'ex-secrétaire de M. de Lamartine ce qu'une bonne vieille lame ébréchée, mais flexible et leste, est à une épée de parade.

L'auteur a vu de près cette espèce de cour de miracle qui pendant près de vingt ans s'est prélassée aux Tuileries et la silhouette qu'il trace du César en ruolz, si elle n'est pas flattée, fait songer aux célèbres eaux fortes par lesquelles Jacques Callot s'évertuait à dégoûter l'humanité de la guerre en dévoilant ses plaies hideuses et purulentes.

Le Napoléon du citoyen de la Guéronnière (Alfred) est une espèce de Robert Macaire taciturne. Napoléon le *Sedentaire!*

PAMPHLETS INTERDITS EN FRANCE,

Sous le gouvernement de Badinguet.

Paris actuel, par Lambert. Anecdotes scandaleuses, etc., in-18.

Le tyran, in-18.

Les aides de camp du 2 Décembre : Canrobert, Espinasse, de Cotte, in-18.

Les finances de Paris sous l'empire, in-18.

Discours de V. Hugo et de Bancel, sur la tombe d'un proscrit français, br. in-18.

Le 13 juin, par Ledru-Rollin, etc., etc., in-18.

Ce que coûte l'empire, ses finances, ses traitements, etc., in-18.

Les 3 Maréchaux : Saint-Arnaud, Magnan, Castellanne, in-18.

Chronique scandaleuse de la Magistrature française contemporaine, fort vol. in-12.

Les Mémoires de Badinguet, par E. Ramier, in-16.

P. Vésinier. Le mariage de l'Espagnole, fort vol. in-12.

L'Histrion français, ou le représentant de l'ordre et de la morale, in-18.

Le procès de la Montijo ; (détruit partout en France, par ordre du Gouvernement impérial), in-18, suivi de la Généalogie *épicière* de l'Impératrice Eugénie, in-16.

Le chassepot, in-16. Pamphlet.

Bachelery. La Révolution, in-16 (avec le procès), suivi de l'Assassin Impérial.

Le procès de Boulogne de Louis-Napoléon, in-16.

Napoléon (le prince). Conduite de la guerre d'Orient, 2 vol. in-8°. Pamphlet.

Klapka. La guerre d'Orient, in-8°. Pamphlet.

L. Labarre. Vertus et gloires de l'Empire, in-12.

La ligue des neutres ; pamphlet contre Napoléon III et la conduite de la guerre, in-18.

H. Rochefort. La Lanterne.

Le Père Duchêne, pamphlet, par Gustave Maroteau.

L'Homme de Sedan, par le comte Alfred de la Guéronnière, vol. in-8°.

www.ingramcontent.com/pod-product-compliance
Lightning Source LLC
Chambersburg PA
CBHW061114050726
47594CB00005B/1927